AF220877

Impressum
Verlag: BABADADA GmbH, Nedderfeld 112 , 22529 Hamburg
Geschäftsführer / Verlagsleitung: Harald Hof
Druck: Books on Demand GmbH, In de Tarpen 42, 22848 Norderstedt

Imprint
Publisher: BABADADA GmbH, Nedderfeld 112 , 22529 Hamburg, Germany
Managing Director / Publishing direction: Harald Hof
Print: Books on Demand GmbH, In de Tarpen 42, 22848 Norderstedt

el colegio

shule

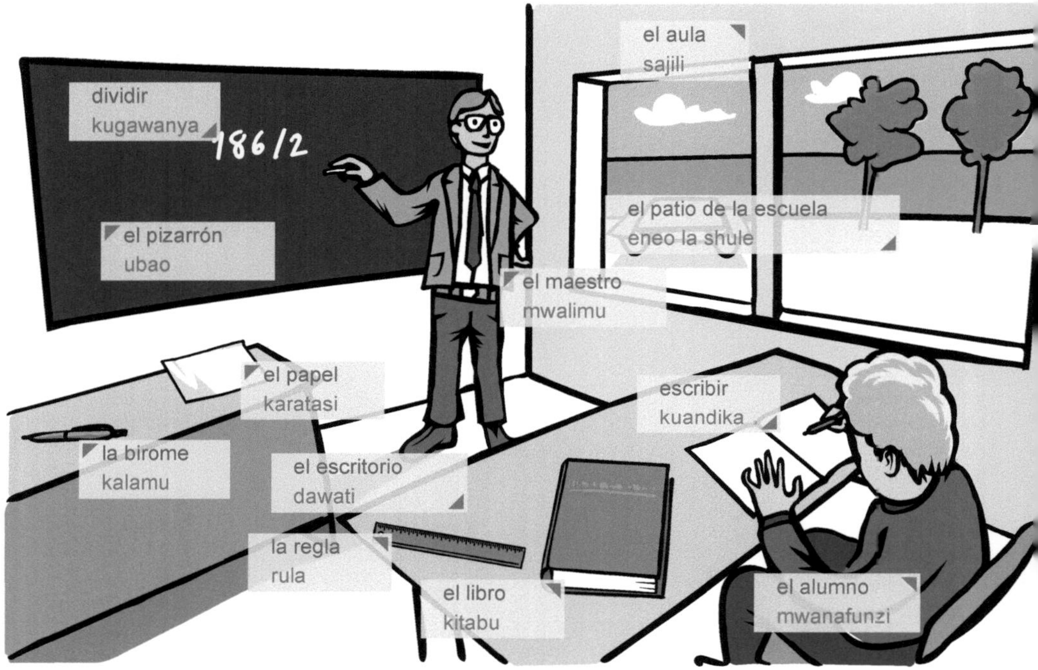
el aula
sajili
dividir
kugawanya
186/2
el pizarrón
ubao
el patio de la escuela
eneo la shule
el maestro
mwalimu
el papel
karatasi
escribir
kuandika
la birome
kalamu
el escritorio
dawati
la regla
rula
el libro
kitabu
el alumno
mwanafunzi

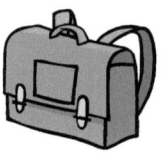

la mochila

mkoba

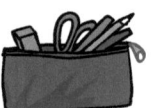

la caja de lápices

kikasha cha penseli

el lápiz

penseli

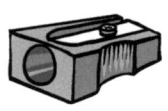

el sacapuntas

kichonga penseli

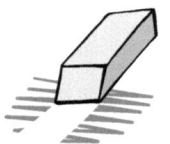

la goma (de borrar)

mpira

el bloc de dibujo

pedi ya kuchora

el dibujo
....
uchoraji

el pincel
....
brashi ya rangi

la caja de pinturas
....
sanduku la rangi

la tijera
....
mkasi

el pegamento
....
gundi

el cuaderno de ejercicios
....
daftari

la tarea
....
kazi ya nyumbani

el número
....
nambari

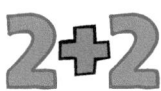

sumar
....
jumlisha

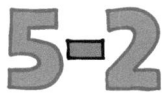

restar
....
ondoa

multiplicar
....
zidisha

calcular
....
kokotoa

la letra
....
barua

el abecedario
....
alfabeti

la palabra
....
neno

el texto

maandishi

leer

kusoma

la tiza

chaki

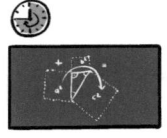

la lección

somo

el cuaderno de clase

sajili

el examen

uchunguzi

el certificado

cheti

el uniforme escolar

sare za shule

la educación

elimu

la enciclopedia

elezo

la universidad

chuo kikuu

el microscopio

darubini

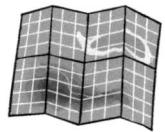

el mapa

ramani

el tacho (de basura)

kikapu cha kuweka karatasi chafu

el viaje
usafiri

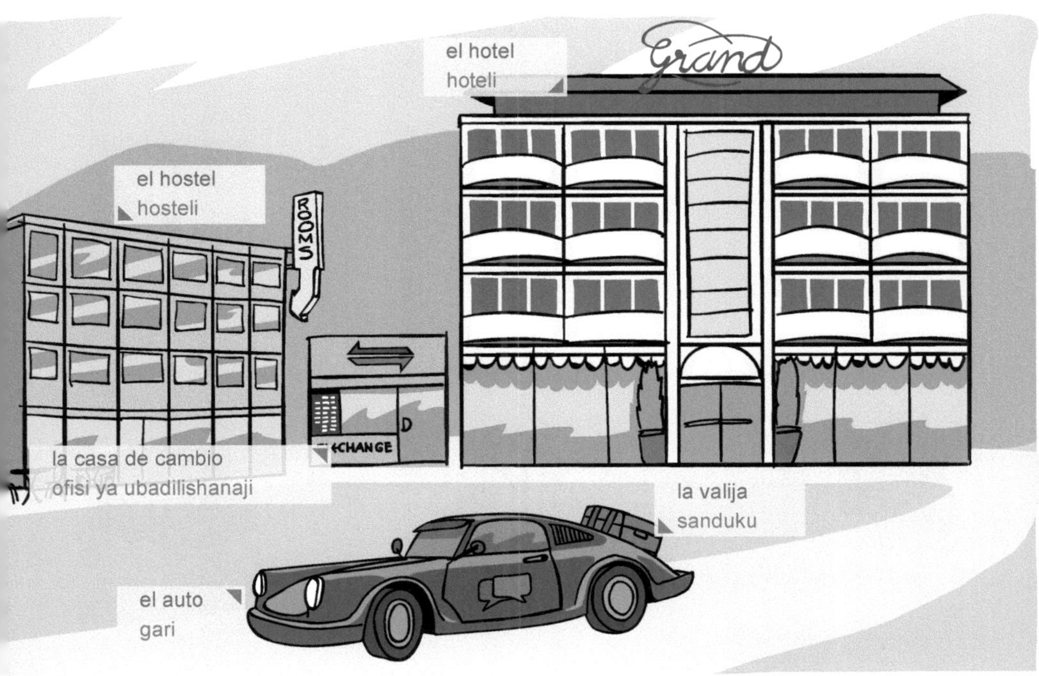

el hotel
hoteli
Grand
el hostel
hosteli
ROOMS
la casa de cambio
ofisi ya ubadilishanaji
la valija
sanduku
el auto
gari

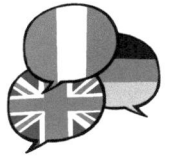

el idioma
lugha

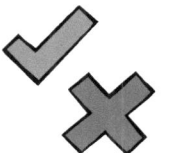

sí / no
ndiyo / la

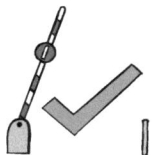

Está bien
sawa

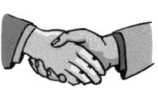

hola
hujambo

el traductor
mtafsiri

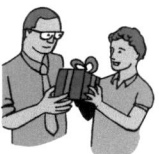

Gracias
Asante

¿cuánto cuesta...?

kiasi gani ni ...?

No entiendo

Sielewi

el problema

tatizo

¡Buenas tardes!

Jioni njema!

¡Buenos días!

Habari za asubuhi!

¡Buenas noches!

Usiku mwema!

el adiós

kwa heri

la dirección

mwelekeo

el equipaje

mizigo

el bolso

mfuko

la mochila

shanta

el invitado

mgeni

la habitación

chumba

la bolsa de dormir

begi la kulalia

la carpa

hema

a información turística
......
taarifa ya utalii

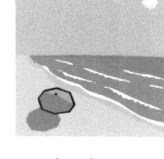

la playa
......
ufuo

la tarjeta de crédito
......
kadi

el desayuno
......
kifunguakinywa

el almuerzo
......
chakula cha mchana

la cena
......
chakula cha jioni

el pasaje
......
tiketi

el ascensor
......
kuinua

el sello
......
muhuri

la frontera
......
mpaka

la aduana
......
mila

la embajada
......
ubalozi

la visa
......
visa

el pasaporte
......
pasipoti

el transporte
usafiri

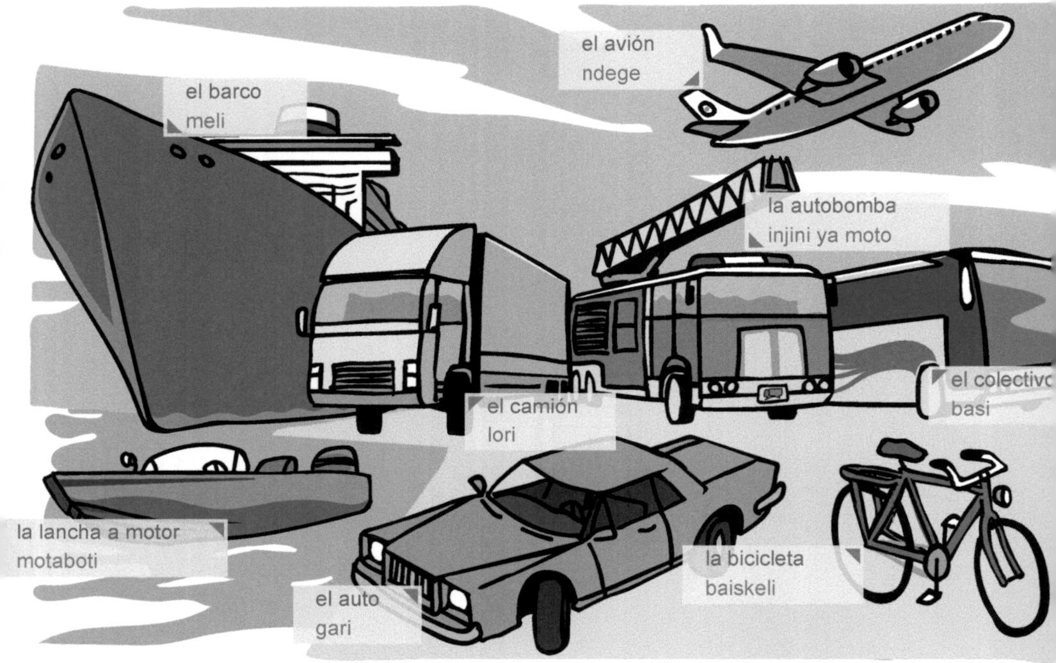

el avión
ndege
el barco
meli
la autobomba
injini ya moto
el colectivo
basi
el camión
lori
la lancha a motor
motaboti
la bicicleta
baiskeli
el auto
gari

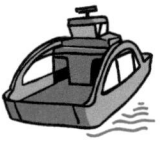

el ferry
feri

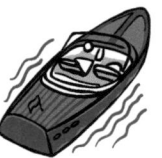

el bote
mashua

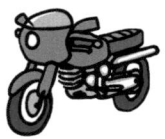

la moto
pikipiki

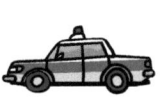

el patrullero
gari la polisi

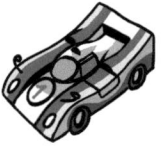

el auto de carreras
gari la mashindano

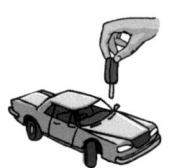

el auto de alquiler
gari la kukodisha

el alquiler de autos

kushiriki gari

la grúa

lori la kuvuta

el camión de la basura

ukusanyaji taka

el motor

motor

la nafta

mafuta

la estación de servicio

kituo cha mafuta

la señal de tránsito

ishara trafiki

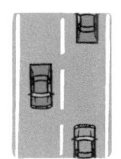

el tránsito

trafiki

el embotellamiento

msongamano

el estacionamiento

maegesho

la estación de tren

kituo cha treni

las vías

reli

el tren

garimoshi

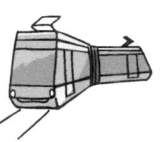

el tranvía

tremu

el vagón

gari la mizigo

el helicóptero

helikopta

el aeropuerto

uwanja wa ndege

la torre

mnara

el pasajero

abiria

el contenedor

chombo

la caja de cartón

katoni

la carretilla

mkokoteni

la canasta

kikapu

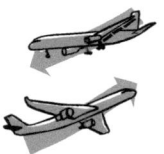

despegar / aterrizar

ondoka

la ciudad

jiji

el pueblo

kijiji

el centro de la ciudad

katikati ya jiji

la casa

nyumba

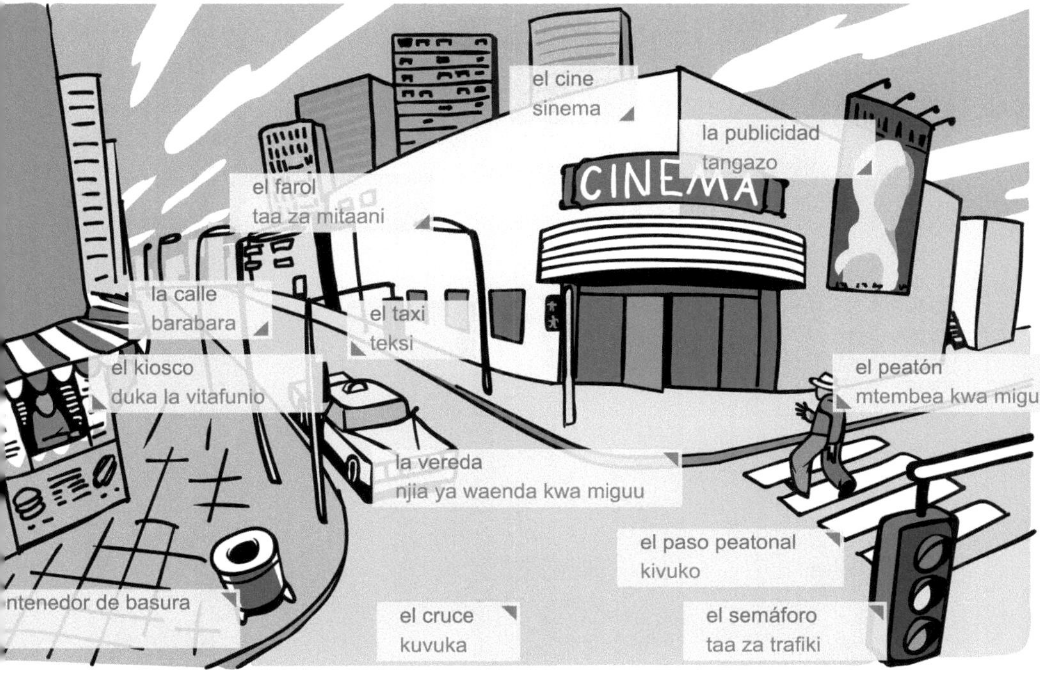

el cine
sinema

la publicidad
tangazo

CINEMA

el farol
taa za mitaani

la calle
barabara

el taxi
teksi

el kiosco
duka la vitafunio

el peatón
mtembea kwa miguu

la vereda
njia ya waenda kwa miguu

el paso peatonal
kivuko

ntenedor de basura

el cruce
kuvuka

el semáforo
taa za trafiki

la cabaña
kibanda

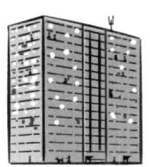

el departamento
gorofa

la estación de tren
kituo cha treni

la municipalidad
ukumbi wa mji

el museo
Makavazi

el colegio
shule

la universidad

chuo kikuu

el banco

benki

el hospital

hospitali

el hotel

hoteli

la farmacia

duka la dawa

la oficina

ofisi

la librería

duka la kitabu

el negocio

duka

la florería

duka la maua

el supermercado

dukakuu

el mercado

soko

las grandes tiendas

idara ya kuhifadhi

la pescadería

mwuza samaki

el centro comercial

kituo cha ununuzi

el puerto

bandari

el parque

Hifadhi

el banco

benki

el puente

daraja

las escaleras

vidato

el subte

chini ya ardhi

el túnel

handaki

a parada del colectivo

kituo cha mabasi

el bar

bar

el restaurante

mgahawa

el buzón

sanduku la posta

el letrero

ishara ya barabara

el parquímetro

mita ya maegesho

el zoológico

bustani ya wanyama

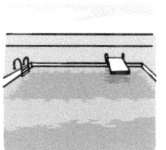

la pileta

kidimbwi cha kuogelea

la mezquita

msikiti

la granja
shamba

la contaminación
uchafuzi

el cementerio
makaburini

la iglesia
kanisa

los juegos infantiles
uwanja wa michezo

el templo
hekalu

el paisaje
mazingira

la hoja
jani

el poste indicador
ishara ya mwelekeo

el camino
njia

la pradera
malisho

la piedra
jiwe

el árbol
mti

el excursionista
mtembeaji wa masafa

el río
mto

la hierba
nyasi

la flor
ua

el valle

bonde

la montaña

kilima

el lago

ziwa

el bosque

msitu

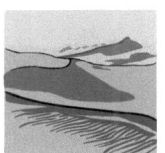

el desierto

jangwa

el volcán

volkano

el castillo

ngome

el arco iris

upinde wa mvua

el champiñón

uyoga

la palmera

mtende

el mosquito

mbu

la mosca

kuruka

la hormiga

chungu

la abeja

nyuki

la araña

buibui

el escarabajo

mende

la rana

chura

la ardilla

kuchakuro

el erizo

nungunungu

la liebre

sungura

la lechuza

burdi

el pájaro

ndege

el cisne

swan

el jabalí

nguruwe mwitu

el ciervo

kulungu

el alce

aina ya kongoni

la presa

bwawa

el aerogenerador

tabo ya upepo

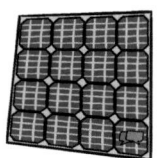

el panel solar

nishaji ya jua

el clima

hali ya hewa

el restaurante
mgahawa

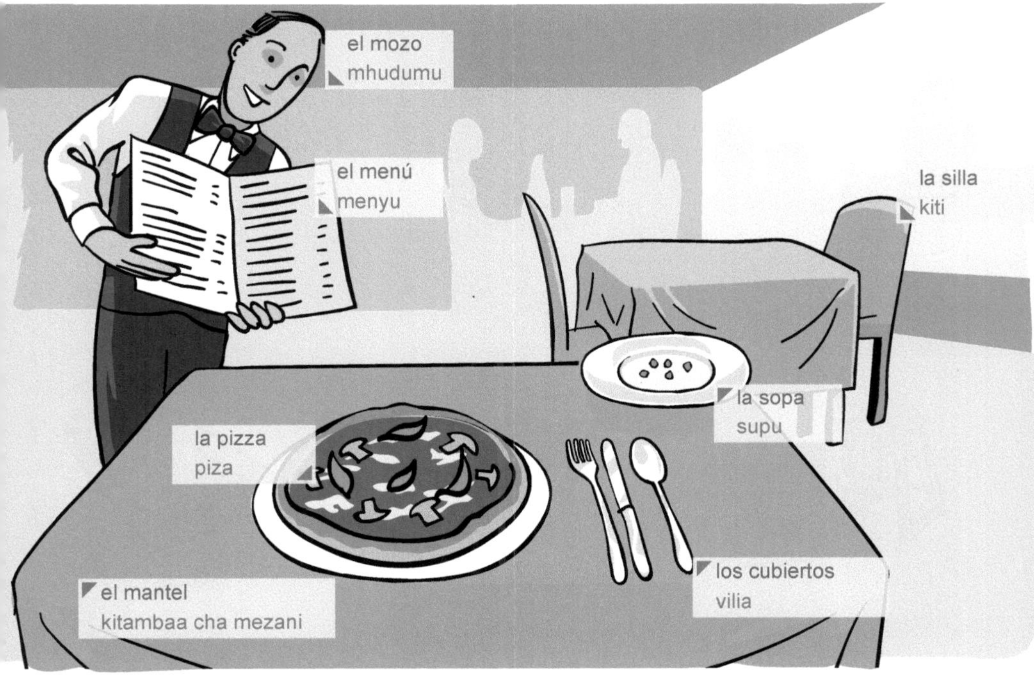
el mozo
mhudumu
el menú
menyu
la silla
kiti
la sopa
supu
la pizza
piza
los cubiertos
vilia
el mantel
kitambaa cha mezani

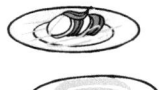

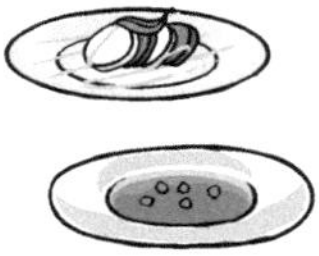

la entrada

kiamsha hamu

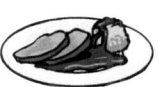

el plato principal

kozi kuu

el postre

kitindamlo

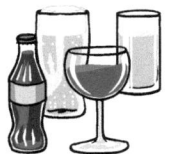

las bebidas

vinywaji

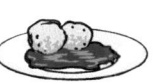

la comida

chakula

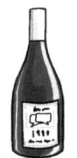

la botella

chupa

la comida rápida

chakula cha haraka

la comida callejera

Streetfood

la tetera

buli

la azucarera

kisanduku cha sukari

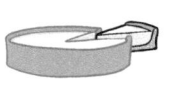

la porción

sehemu

la cafetera expreso

mashine ya espresso

la sillita alta

kiti kirefu

la cuenta

muswada

la bardeja

trei

el cuchillo

kisu

el tenedor

uma

la cuchara

kijiko

la cucharita

kijiko cha chai

la servilleta

nepi

el vaso

glasi

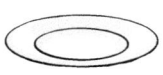

el plato

sahani

el plato hondo

sahani ya supu

el plato

sufuria

la salsa

mchuzi

el salero

kichanyaji chumvi

el molinillo de pimienta

kinu cha pilipili

el vinagre

siki

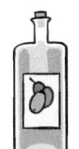

el aceite

mafuta

las especias

viungo

el kétchup

kechapu

la mostaza

haradali

la mayonesa

kachumbari nzito

el supermercado
dukakuu

la oferta especial
ofa maalum
FOR
el cliente
mteja
los lácteos
maziwa
la fruta
matunda
el changuito
toroli

BUTCHERS

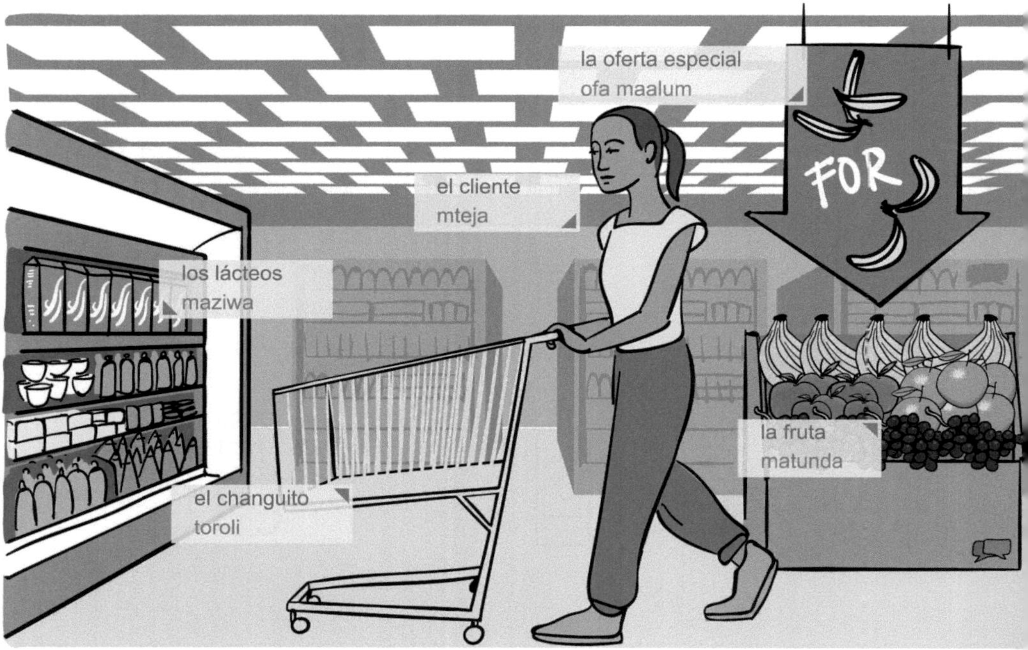

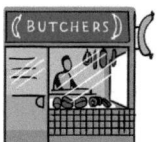

la carnicería

mchinjaji

BAKERY

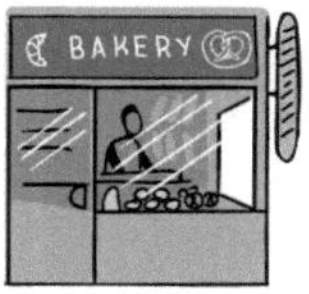

la panadería

mwokaji

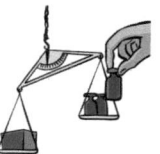

pesar

uzito

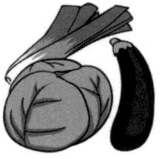

las verduras

mboga

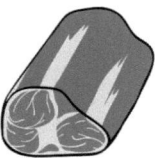

la carne

nyama

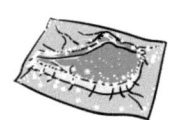

los alimentos congelados

chakula waliohifadhiwa

los fiambres

ande vya nyama baridi

los alimentos enlatados

chakula cha kopo

el detergente en polvo

sabuni ya unga

las golosinas

pipi

los electrodomésticos

bidhaa za kaya

los productos de limpieza

bidhaa za kusafisha

la vendedora

mtu mauzo

la caja

mpaka

el cajero

keshia

la lista de compras

orodha ya manunuzi

el horario de atención

masaa ya ufunguzi

la billetera

mkoba

la tarjeta de crédito

kadi

la cartera

mfuko

la bolsa de plástico

mfuko wa plastiki

el agua

maji

el jugo

sharubati

la leche

maz wa

la bebida cola

coke

el vino

mvinyo

la cerveza

bia

el alcohol

pombe

el cacao

kakao

el té

chai

el café

kahawa

el café expreso

spreso

el cappuccino

kapuchino

la banana

ndizi

la manzana

tufaha

la naranja

machungwa

el melón

tikiti

el limón

lemon

la zanahoria

karoti

el ajo

kitunguu saumu

el bambú

mianzi

la cebolla

kitunguu

el champiñón

uyoga

las nueces

karanga

los fideos

nudo

los tallarines

spageti

el arroz

mpunga

la ensalada

saladi

las papas fritas

vibanzi

las papas fritas

viazi vya kukaanga

la pizza

piza

la hamburguesa

hambaga

el sándwich

sandwichi

el churrasco

kipande

el jamón

paja la mnyama

el salame

salami

la salchicha

soseji

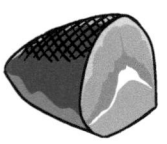

el pollo

kuku

el asado

choma

el pescado

samaki

los copos de avena
oats ya uji

el muesli
muesli

los copos de maíz
cornflakes

la harina
unga

la medialuna
kroisanti

el pancito
andazi

el pan
mkate

la tostada
mkate wa kubanika

las galletitas
biskuti

la manteca
siagi

la cuajada
maziwa mgando

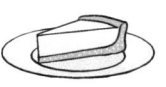

la torta
keki

el huevo
yai

el huevo frito
yai kukaanga

el queso
jibini

el helado

aiskrimu

el azúcar

sukari

la miel

asali

la mermelada

jemu

la pasta de chocolate

kuenea kwa chokoleti

el curry

mchuzi wa viungo

la granja
shamba

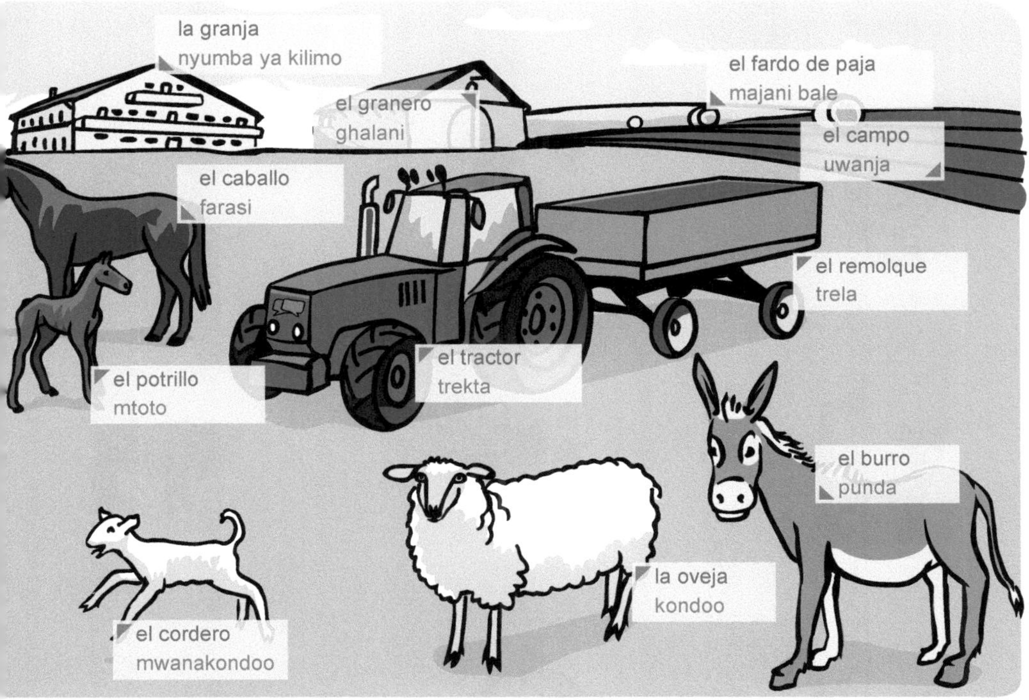
la granja
nyumba ya kilimo
el granero
ghalani
el fardo de paja
majani bale
el campo
uwanja
el caballo
farasi
el remolque
trela
el tractor
trekta
el potrillo
mtoto
el burro
punda
la oveja
kondoo
el cordero
mwanakondoo

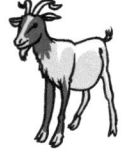

la cabra

mbuzi

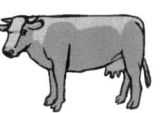

la vaca

ng'ombe

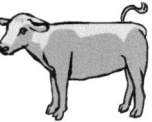

el ternero

ndama

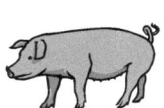

el cerdo

nguruwe

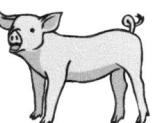

el lechón

mwananguruwe

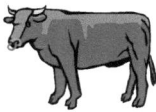

el toro

fahali

el ganso

batabukini

el pato

bata

el pollo

kifaranga

la gallina

kuku

el gallo

jogoo

la rata

panya

el gato

paka

el ratón

panya

el buey

ng'ombe

el perro

mbwa

la cucha

nyumba ya mbwa

la manguera

bomba la bustani

la regadera

debe la kumwagilia maji

la guadaña

fyekeo

el arado

kulima

la hoz

mundu

la azada

jembe

la horquilla

uma wa nyasi

el hacha

shoka

la carretilla

toroli

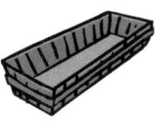

el abrevadero

kupitia nyimbo

la lechera

chombo cha maziwa

la bolsa

gunia

la reja

ua

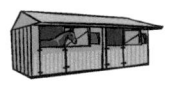

el establo

imara

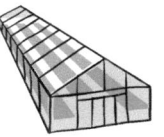

el invernadero

chafu

el suelo

udongo

la semilla

mbegu

el fertilizador

mbolea

la cosechadora

kivunaji

cosechar

mavuno

la cosecha

mavuno

las batatas

viazi vikuu

el trigo

ngano

la soja

soya

la papa

viazi

el maíz

mahindi

la semilla de colza

rapa

el árbol frutal

mti wa matunda

la mandioca

muhogo

los cereales

nafaka

la chimenea
chimni

el techo
paa

el caño de desagüe
bomba la maji ya mvua

la ventana
dirisha

el garaje
gareji

el timbre
kengele ya mlangoni

la puerta
mlango

el tacho de basura
pipa la taka

el buzón
sanduku la barua

el jardín
bustani

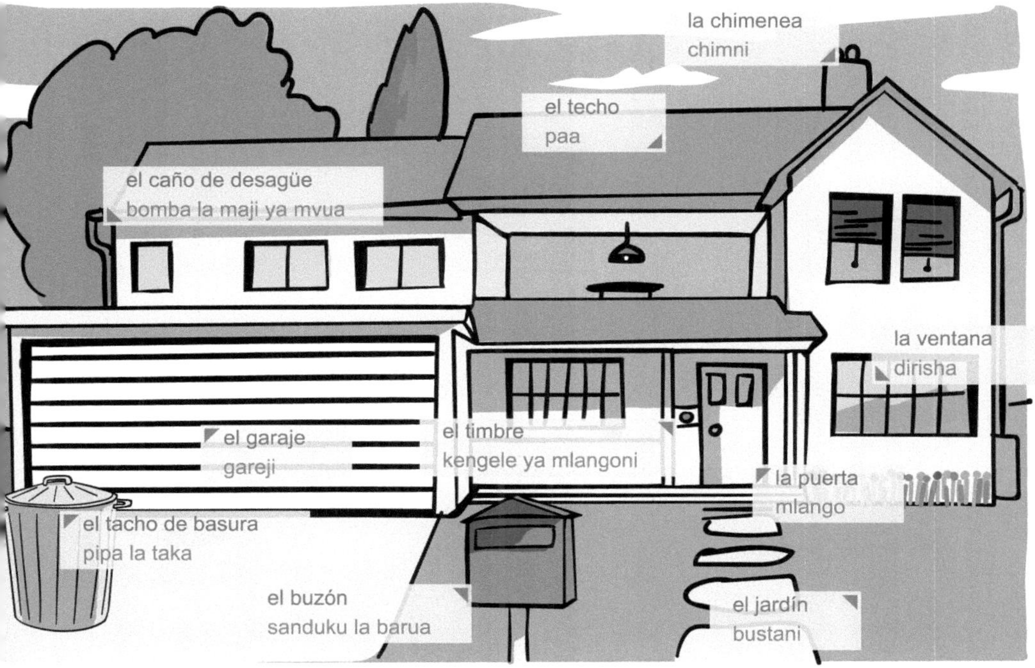

el living

sebuleni

el baño

bafu

la cocina

jikoni

el dormitorio

chumba cha kulala

el cuarto de los chicos

chumba ya mtoto

el comedor

chumba cha kulia

la casa - nyumba

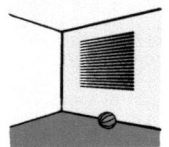

el piso

sakafu

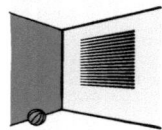

la pared

ukuta

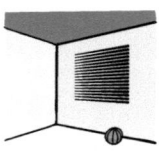

el cielorraso

dari

el sótano

pishi

el sauna

sauna

el balcón

roshani

la terraza

mtaro

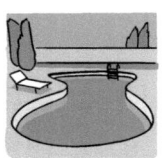

la pileta

kidimbwi

la cortadora de pasto

mashine ya kukata nyasi

la sábana

karatasi

el acolchado

kitambaa cha kupamba kitanda

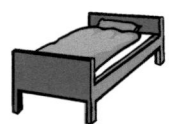

la cama

kitanda

la escoba

ufagio

el balde

ndoo

el interruptor

kubadili

el living
sebuleni

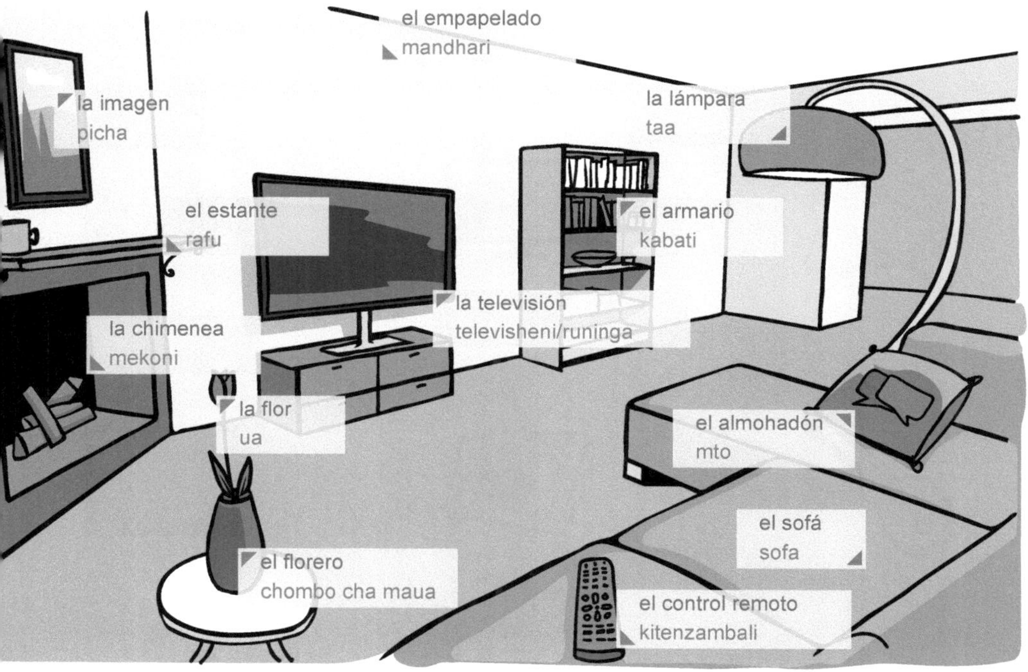
el empapelado
mandhari
la imagen
picha
la lámpara
taa
el estante
rafu
el armario
kabati
la televisión
televisheni/runinga
la chimenea
mekoni
la flor
ua
el almohadón
mto
el sofá
sofa
el florero
chombo cha maua
el control remoto
kitenzambali

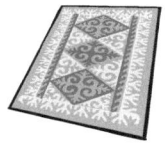

la alfombra
zulia

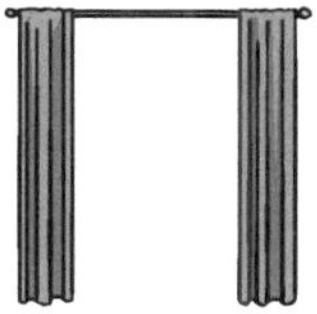
la cortina
pazia

la mesa
meza

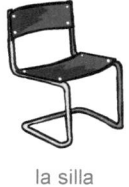

la silla
kiti

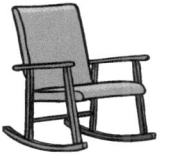

la mecedora
kiti cha bembea

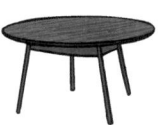

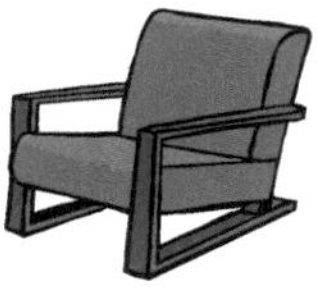
el sillón
armchair

el libro

kitabu

la frazada

blanketi

la decoración

mapambo

la leña

kuni

la película

filamu

el equipo de música

kifaa cha hi-fi

la llave

ufunguo

el diario

gazeti

la pintura

uchoraji

el póster

bango

la radio

redio

el cuaderno

daftari

la aspiradora

kifyonza

el cactus

dungusi kakati

la vela

mshumaa

la cocina
jikoni

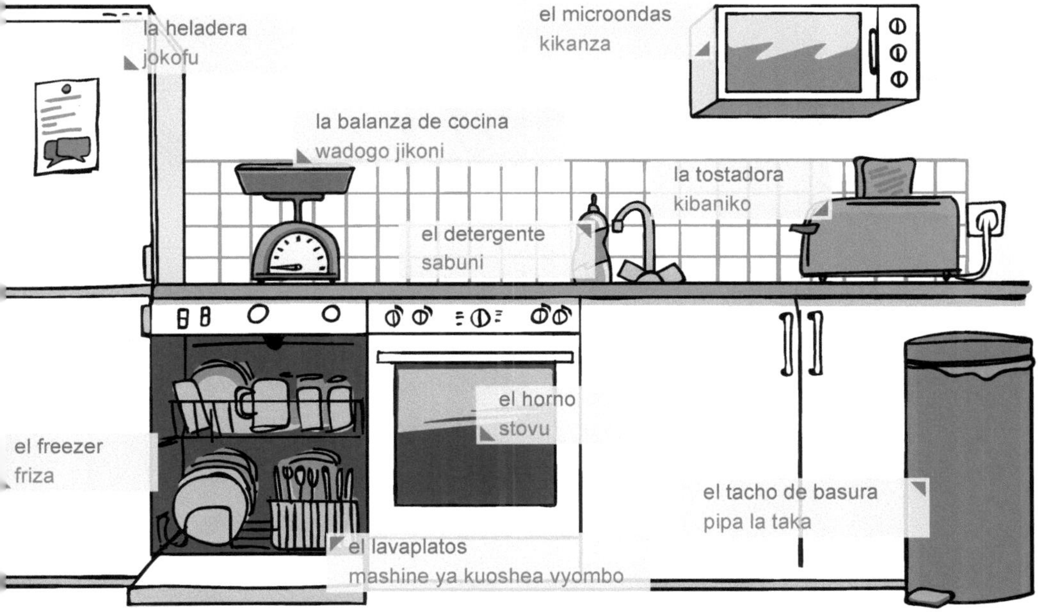

la heladera
jokofu
el microondas
kikanza
la balanza de cocina
wadogo jikoni
la tostadora
kibaniko
el detergente
sabuni
el horno
stovu
el freezer
friza
el tacho de basura
pipa la taka
el lavaplatos
mashine ya kuoshea vyombo

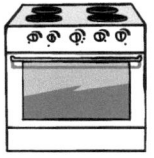

la cocina

jiko la kupika

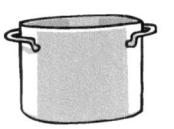

la olla

chungu

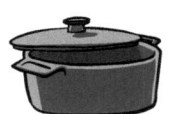

la olla de hierro fundido

sufuria ya chuma

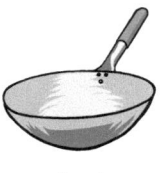

el wok

wok / kadai

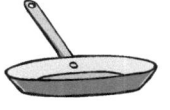

la sartén

kaango

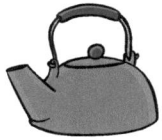

la pava

birika

la vaporera

stima

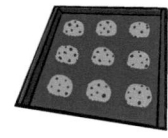

la bandeja de horno

sinia ya kuoka

la vajilla

vyombo vya udongo

la taza

kombe

el bol

bakuli

los palitos

vijiti vya kulia

el cucharón

ukawa

la espátula

mwiko mpana

la batidora

burashi

el colador

kichujio

el colador

chujio

el rallador

mbuzi

el mortero

chokaa

la parrilla

barbeque

la fogata

moto wazi

la tabla de picar

ubao wa majaribio

el palo de amasar

kijiti cha kusukuma unga

el sacacorchos

kizibuo

la lata

kopo

el abrelatas

inaweza kopo

la manopla

kishikio cha chungu

la pileta

karo

el cepillo

brashi

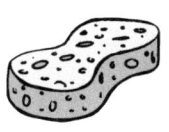

la esponja

sifongo

la batidora

kisagaji matunda

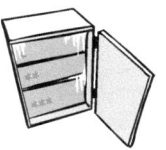

el congelador

friji ya kina

la mamadera

chupa ya mtoto

la canilla

bomba

el baño

bafu

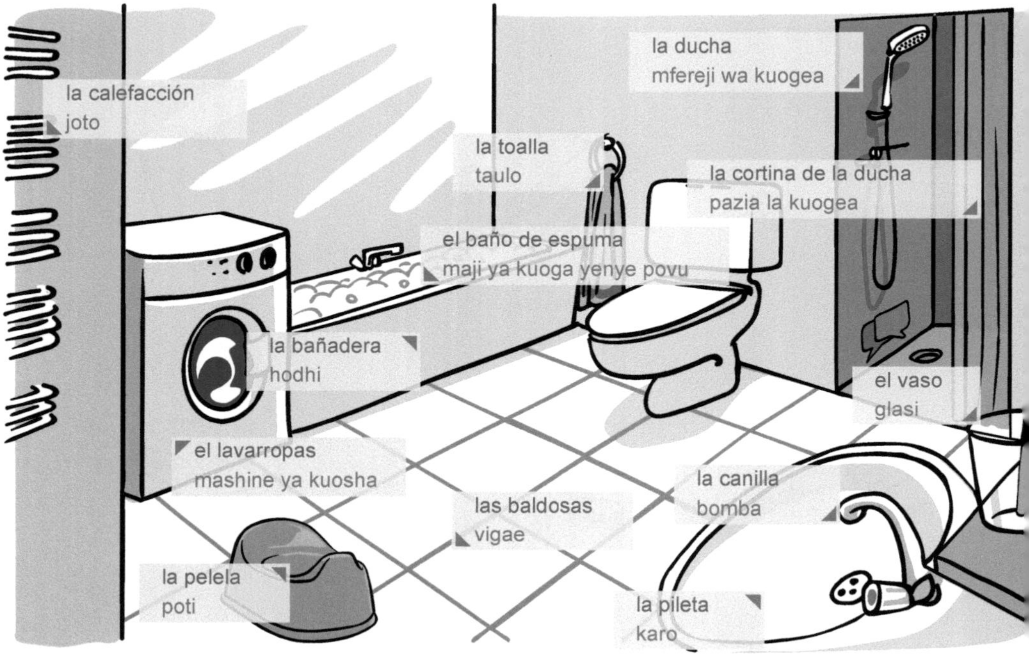

la calefacción
joto
la ducha
mfereji wa kuogea
la toalla
taulo
la cortina de la ducha
pazia la kuogea
el baño de espuma
maji ya kuoga yenye povu
la bañadera
hodhi
el vaso
glasi
el lavarropas
mashine ya kuosha
la canilla
bomba
las baldosas
vigae
la pelela
poti
la pileta
karo

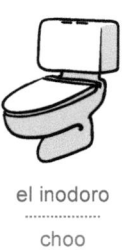

el inodoro

choo

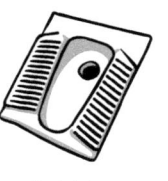

la letrina

choo cha squat

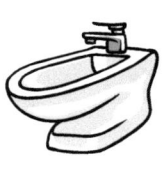

el bidé

beseni la mviringo

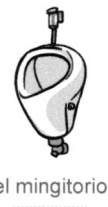

el mingitorio

choo cha umma

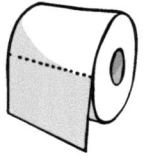

el papel higiénico

shashi

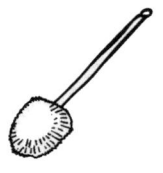

el cepillo para el inodoro

brashi ya choo

el cepillo de dientes

mswaki

el dentífrico

dawa ya meno

el hilo dental

dawa ya meno

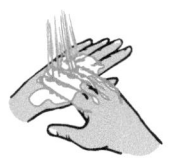

lavar

safisha

la ducha de mano

kuoga mkono

la ducha higiénica

msukumo wa maji

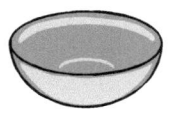

la palangana

bonde

el cepillo para la espalda

mpako wa pili

el jabón

sabuni

el gel de ducha

jeli ya kuogea

el shampoo

shampuu

la toallita

flana

el desagüe

toa maji

la crema

krimu

el desodorante

kiondoa harufu

el espejo

kioo

el espejito

kioo mkono

la maquinita de afeitar

kinyozi

la espuma de afeitar

povu la kunyoa

el aftershave

baada ya kunyoa

el peine

kichana

el cepillo

brashi

el secador de pelo

kikausha nywele

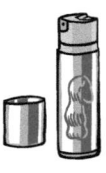

el spray

marashi ya nyewele

el maquillaje

vipodozi

el lápiz de labios

kidomwa

el esmalte para uñas

varnish ya msumari

el algodón

pamba

la tijera para uñas

mkasi wa kucha

el perfume

manukato

el portacosméticos

mkoba wa kuosha

la banqueta

kinyesi

la balanza

mizani

la bata

nguo ya kuoga

los guantes de goma

glavu za mpira

el tampón

kisodo

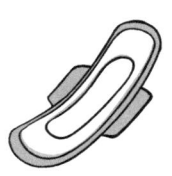

la toallita femenina

sodo

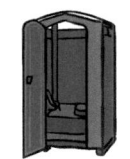

el baño químico

kemikali choo

el cuarto de los chicos
chumba ya mtoto

el despertador
saa ya kengele
el peluche
kidoli cha kupakata
el coche de juguete
gari bandia
el sonajero
kelele
la casa de muñecas
chumba cha midoli
el regalo
sasa

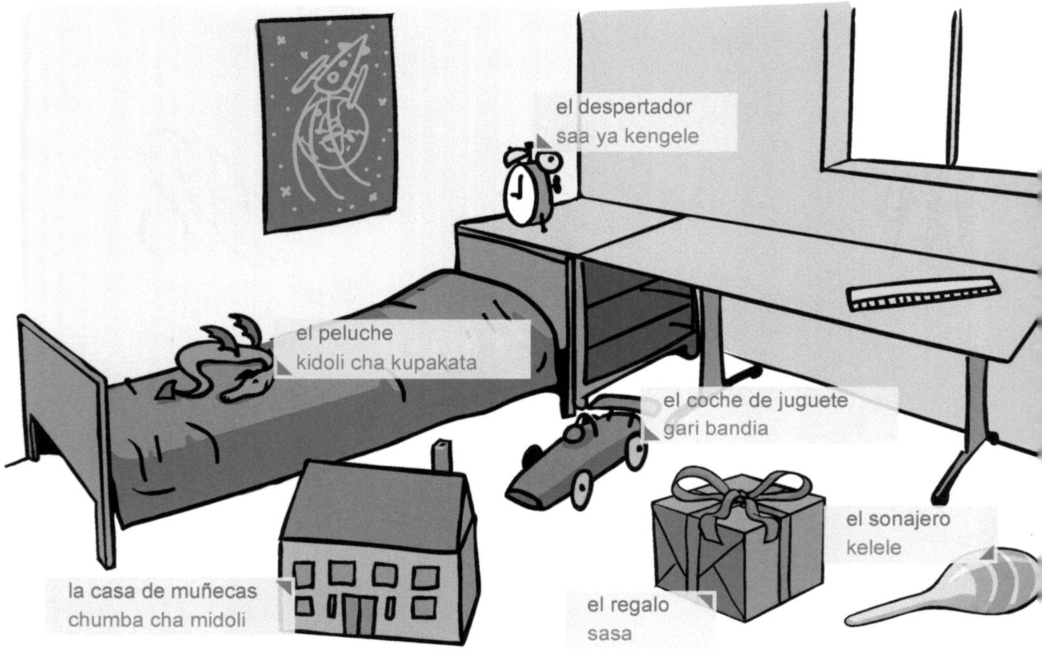

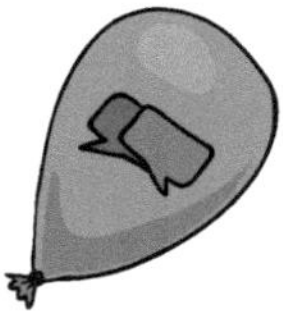

el globo

baluni

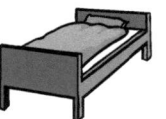

la cama

kitanda

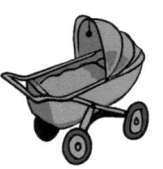

el cochecito

mashua

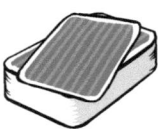

las cartas

staha ya kadi

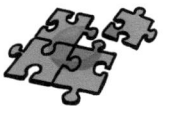

el rompecabezas

mchezo-fumb

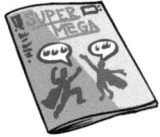

la historieta

vichekesho

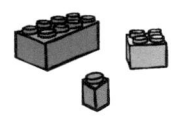

las piezas de lego

matofali lego

los ladrillos de juguete

vitalu mwigo

la figura de acción

hatua takwimu

el enterito (de bebé)

suti ya kulalia

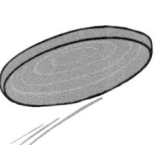

el frisbee

kisahani

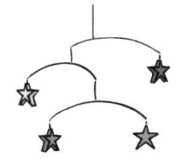

el móvil para bebés

simu

el juego de mesa

ubao wa michezo

los dados

kete

el tren eléctrico

garimoshi mwigo

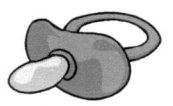

el chupete

dummy

la fiesta

chama

el libro de cuentos ilustrado

picha kitabu

la pelota

mpira

la muñeca

kikaragosi

jugar

kucheza

el arenero

shimo la mchanga

la hamaca

bembea

los juguetes

vitu bandia

la consola de videojuegos

kiweko cha video ya mchezo

el triciclo

baiskeli ya magurudumu

el osito de peluche

mwanasesere

matatu

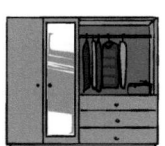

el armario

kabati

la ropa

nguo

las medias

soksi

las medias panty

stokingi

las calzas

kibano

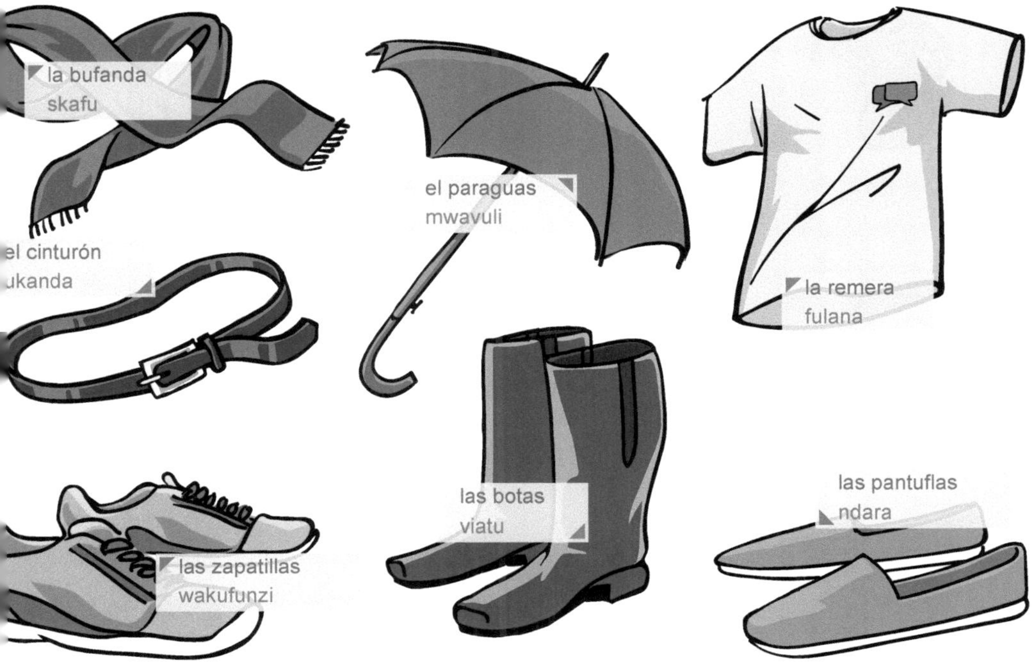

la bufanda
skafu

el paraguas
mwavuli

el cinturón
ukanda

la remera
fulana

las botas
viatu

las pantuflas
ndara

las zapatillas
wakufunzi

las sandalias
malapa

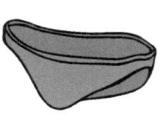
los zapatos
viatu

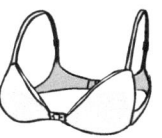
las botas de goma
mabuti ya mpira

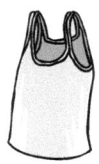
la ropa interior
suruali ya ndani

el corpiño
sidiria

el chaleco
fulana

el body

mwili

los pantalones

suruali

los jeans

dangirizi

la pollera

sketi

la blusa

blauzi

la camisa

shati

el pulóver

vuta

el buzo

sweta

el blazer

bleza

la campera

jaketi

el tapado

koti

el piloto

koti la mvua

el traje

maleba

el vestido

gauni

el vestido de novia

mavazi ya harusi

el traje

suti

el camisón

vazi la usiku

el pijama

pajama

el sari

sari

el pañuelo para la cabeza

skafu

el turbante

kilemba

la burka

burka

el caftán

kaftan

la abaya

abaya

el traje de baño

vazi la kuogelea

el short de baño

vazi la kiume la kuogelea

los shorts

kaptura

el jogging

teitei

el delantal

aproni

los guantes

glavu

el botón

kifungo

los anteojos

glasi

la pulsera

bangili

el collar

mkufu

el anillo

pete

el aro

herini

la gorra

kofia

la percha

kiango cha koti

el sombrero

kofia

la corbata

tai

el cierre

zipu

el casco

kofia

los tiradores

kanda za suruali

el uniforme escolar

sare za shule

el uniforme

sare

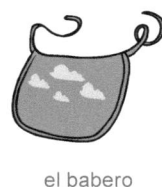

el babero

bibu

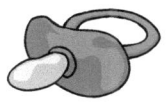

el chupete

dummy

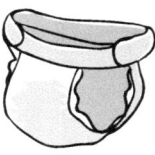

el pañal

nepi

la oficina
ofisi

el servidor
seva
el archivero
kabati la kuweka faili
la impresora
kichapishaji
el papel
karatasi
el monitor
kiwambo
el mouse
kipanya
el escritorio
dawati
la carpeta
folda
el teclado
kibodi
(de basura)
cha kuweka karatasi chafu
la computadora
kompyuta
la silla
kiti

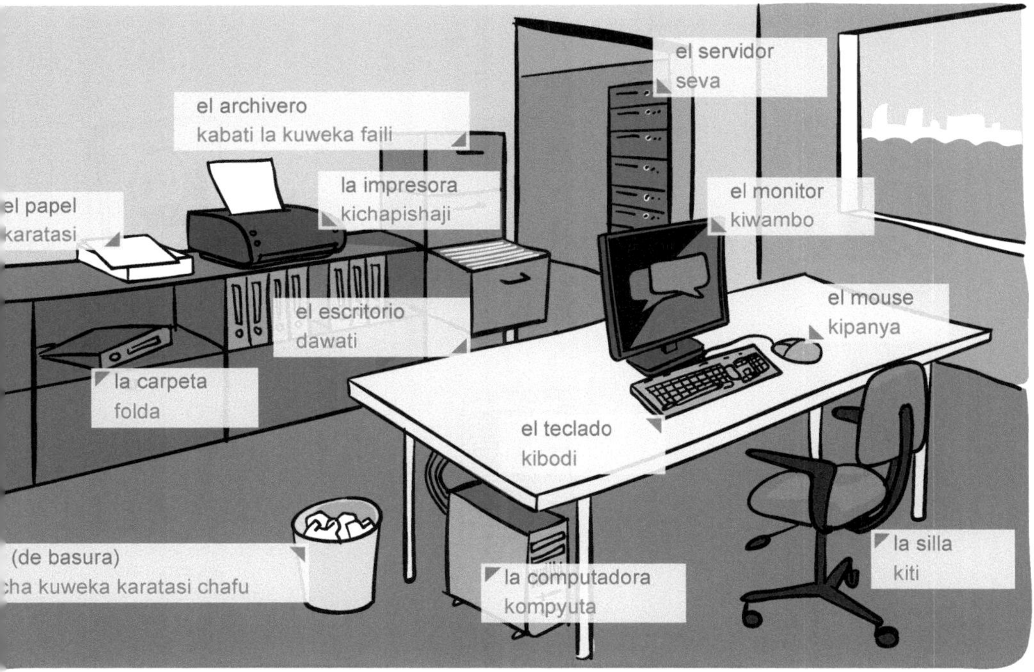

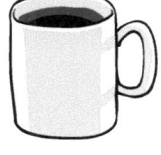

la taza de café

kmobe la kahawa

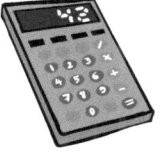

la calculadora

kikokotoo

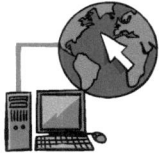

el internet

biashara

la laptop
mbali

la carta
barua

el mensaje
ujumbe

el celular
rununu

la red
intaneti

la fotocopiadora
fotokopia

el software
programu

el teléfono
simu

el tomacorriente
soketi

el fax
kipepesi

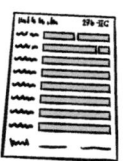

el formulario
fomu

el documento
hati

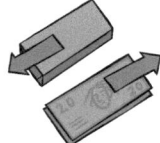

comprar

kununua

pagar

kulipa

hacer negocios

biashara

el dinero

fedha

el dólar

dola

el euro

yuro

el yen

yeni

el rublo

rouble

el franco suizo

faranga ya Uswisi

el yuan

renminbi yuan

la rupia

rupia

el cajero automático

eneo la kulipia

la casa de cambio

ofisi ya ubadilishanaji

el oro

dhahabu

la plata

fedha

el petróleo

mafuta

la energía

nishati

el precio

bei

el contrato

mkataba

el impuesto

kodi

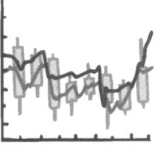

la acción

bidhaa

trabajar

kazi

el empleado

mfanyakazi

el empleador

mwajiri

la fábrica

kiwanda

el negocio

duka

las ocupaciones
kazi

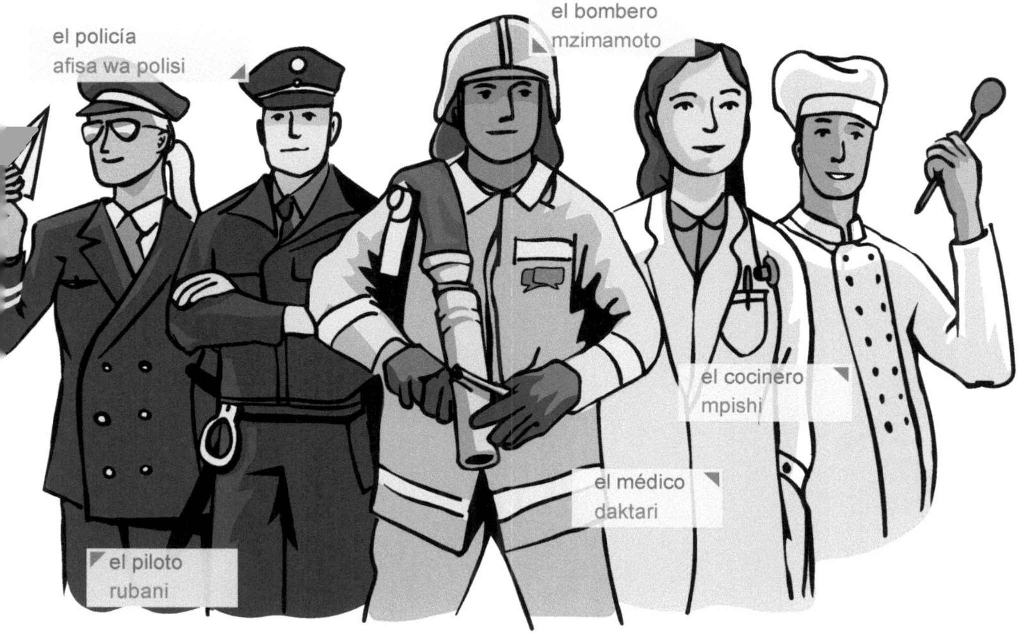
el policía
afisa wa polisi
el bombero
mzimamoto
el cocinero
mpishi
el médico
daktari
el piloto
rubani

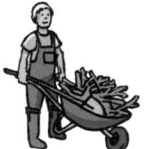

el jardinero

mtunza bustani

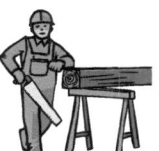

el carpintero

seremala

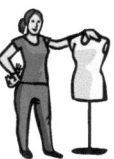

la modista

mshonaji

el juez

hakimu

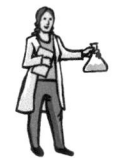

el farmacéutico

mwanakemia

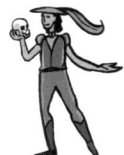

el actor

muigizaji

el colectivero

dereva wa basi

el taxista

dereva wa teksi

el pescador

mvuvi

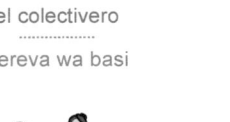

la mucama

mwanamke wa kusafisha

el techista

mwezekaji

el mozo

mhudumu

el cazador

mwindaji

el pintor

mchoraji

el panadero

mwokaji

el electricista

umeme

el albañil

mjenzi

el ingeniero

mhandisi

el carnicero

mchinjaji

el plomero

fundi bomba

el cartero

mwanaposta

el soldado

mwanajeshi

el arquitecto

msanifu majengo

el cajero

keshia

el florista

muuza maua

el peluquero

msusi

el cobrador

kondakta

el mecánico

mekanika

el capitán

nahodha

el dentista

daktari wa meno

el científico

mwanasayansi

el rabino

rabbi

el imán

imamu

el monje

mtawa

el sacerdote

kasisi

las herramientas
zana

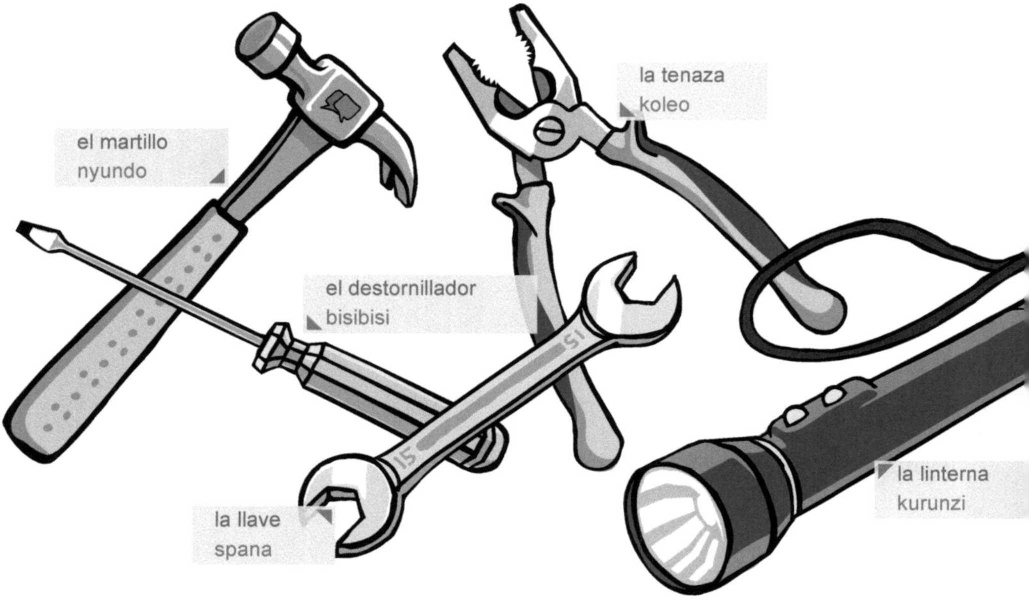

el martillo
nyundo
la tenaza
koleo
el destornillador
bisibisi
la linterna
kurunzi
la llave
spana

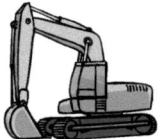

la excavadora

mchimbaji

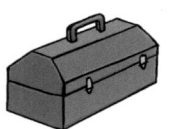

la caja de herramientas

sanduku la vifaa

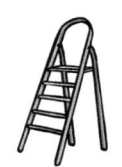

la escalera portátil

ngazi

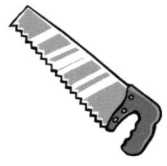

la sierra

msumeno

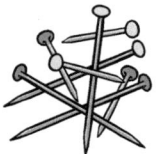

los clavos

misumari

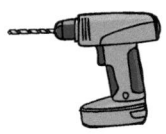

el taladro

kuchimba visima

arreglar
....
kukarabati

la pala de jardín
....
sepetu

¡Qué bronca!
....
Lo!

la pala de plástico
....
kishikio cha uchafu

el tacho de pintura
....
chungu cha rangi

los tornillos
....
skurubu

los instrumentos musicales
ala za muziki

el parlante
spika

la batería
mpangilio wa ngoma

la guitarra
gita

el contrabajo
besi mara mbili

la trompeta
tarumbeta

el piano

piano

el violín

fidla

el bajo

ubeji

los timbales

timpani

el tambor

ngoma

el teclado

kibodi

el saxofón

saksafoni

la flauta

filimbi

el micrófono

maikrofoni

el zoológico
bustani ya wanyama

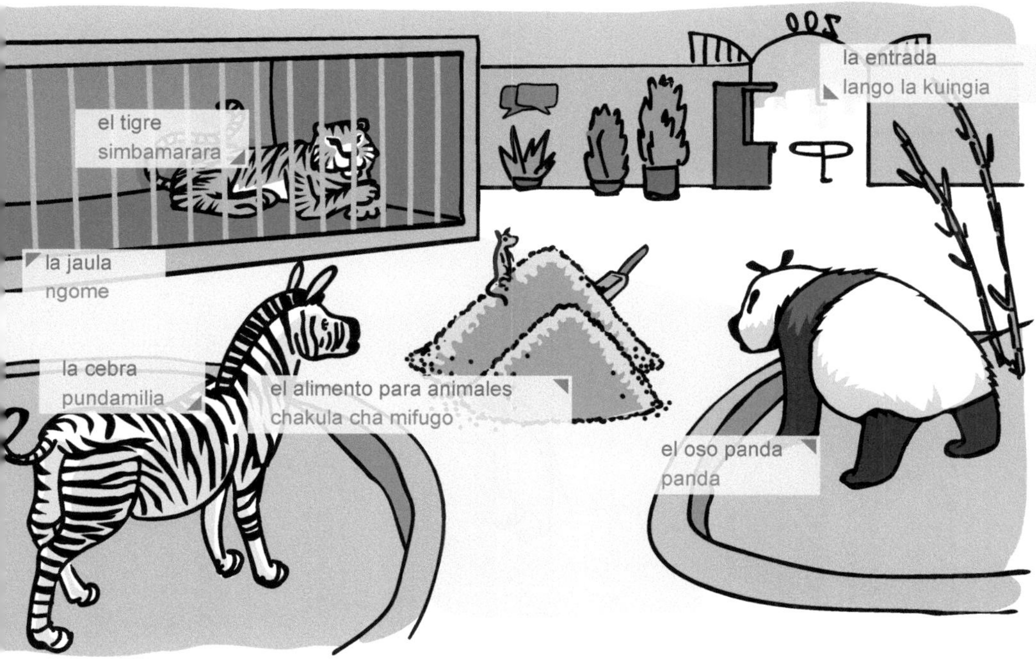

la entrada
lango la kuingia
el tigre
simbamarara
la jaula
ngome
la cebra
pundamilia
el alimento para animales
chakula cha mifugo
el oso panda
panda

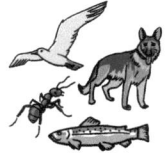

los animales
wanyama

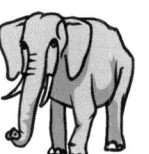

el elefante
tembo

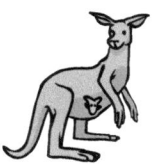

el canguro
kangaruu

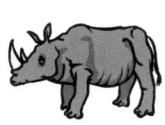

el rinoceronte
kifaru

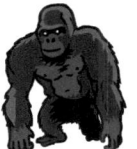

el gorila
sokwe

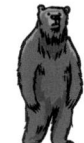

el oso
dubu

el camello

ngamia

el avestruz

mbuni

el león

simba

el mono

tumbili

el flamenco

heroe

el loro

kasuku

el oso polar

dubu

el pingüino

penguini

el tiburón

papa

el pavo real

tausi

la serpiente

nyoka

el cocodrilo

mamba

el cuidador del zoológico

mtunza wanyama

la foca

muhuri

el jaguar

jaguar

el poni

mwanafarasi

el leopardo

chui

el hipopótamo

kiboko

la jirafa

twiga

el águila

tai

el jabalí

nguruwe mwitu

el pescado

samaki

la tortuga

kobe

la morsa

sili

el zorro

mbweha

la gacela

paa

el zoológico - bustani ya wanyama

el fútbol americano
soka ya marekani

el ciclismo
uendeshaji baiskeli

el tenis
tenisi

el básquet
mpira wa kikapu

la natación
kuogelea

el boxeo
ndondi

el hockey sobre hielo
magongo ya barafuni

el fútbol
....
soka

el bádminton
....
vinyoya

el atletismo
....
riadha

el handball
....
mpira wa mikono

el esquí
....
skii

el polo
....
polo

reír
cheka

saltar
kuruka

abrazar
kumbatia

caminar
kutembea

cantar
kuimba

soñar
ota ndoto

rezar
kuomba

besar
busu

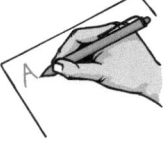

escribir

kuandika

dibujar

kuteka

mostrar

angalia

presionar

sukuma

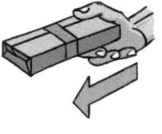

dar

kutoa

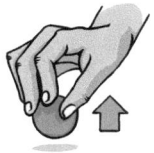

tomar

kuchukua

tener
········
kuwa

hacer
········
fanya

ser
········
kuwa

estar parado
········
kusimama

correr
········
kukimbia

tirar
········
vuta

tirar
········
kutupa

caer
········
kuanguka

estar acostado
········
hadaa

esperar
········
kusubiri

llevar
········
kubeba

estar sentado
········
kukaa

vestirse
········
vaa nguo

dormir
········
usingizi

despertar
········
kuamka

mirar

kuangalia

llorar

lia

acariciar

kiharusi

peinar

chana nywele

hablar

ongea

entender

kuelewa

preguntar

kuuliza

escuchar

kusikiliza

beber

kunywa

comer

kula

ordenar

nadhifisha

amar

upendo

cocinar

mpishi

manejar

gari

volar

kuruka

navegar

meli

calcular

kokotoa

leer

kusoma

aprender

kujifunza

trabajar

kazi

casarse

kuoa

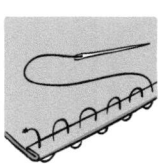

coser

kushona

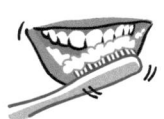

cepillarse los dientes

piga mswaki

matar

kuua

fumar

moshi

enviar

kutuma

la abuela
bibi

el abuelo
babu

el padre
baba

la madre
mama

el bebé
mtoto

la hija
binti

el hijo
bin

el invitado

mgeni

la tía

shangazi

el tío

mjomba

el hermano

kaka

la hermana

dada

la familia - familia

el cuerpo
mwili

la frente
paji la uso
el ojo
jicho
el hombro
bega
el dedo
kidole
la cara
uso
la pera
kidevu
la mano
mkono
la pierna
mguu
el pecho
matiti
el brazo
mkono

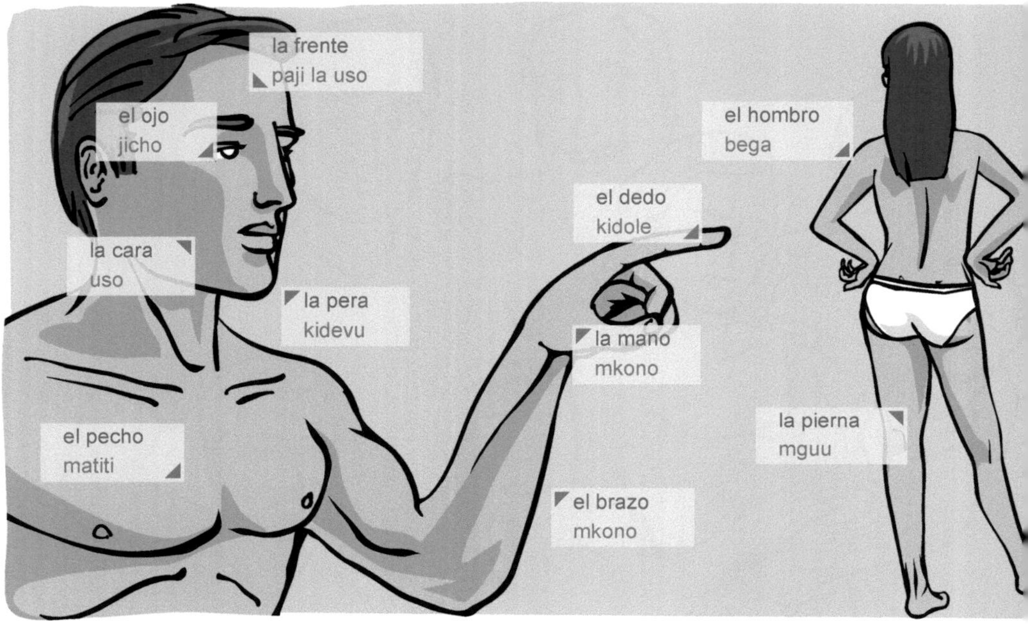

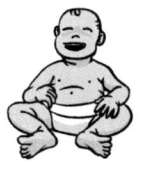

el bebé

mtoto

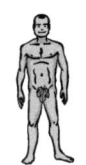

el hombre

mwanamume

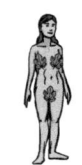

la mujer

mwanamke

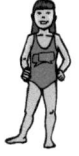

la nena

msichana

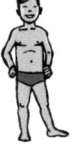

el nene

mvulana

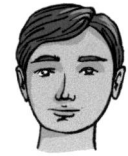

la cabeza

kichwa

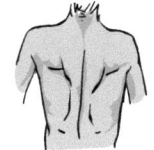

la espalda

nyuma

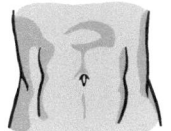

la panza

tumbo

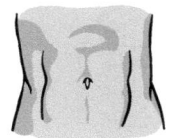

el ombligo

kitovu

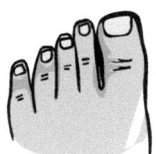

el dedo del pie

chano

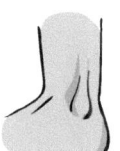

el talón

kisigino

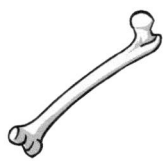

el hueso

mfupa

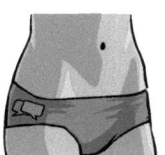

la cadera

nyonga

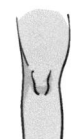

la rodilla

goti

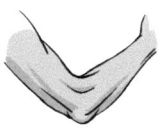

el codo

kiwiko

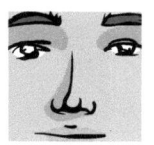

la nariz

pua

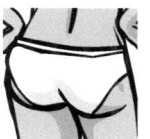

la cola

chini

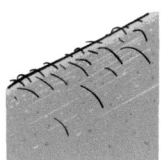

la piel

ngozi

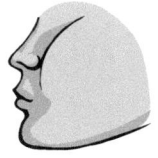

el cachete

shavu

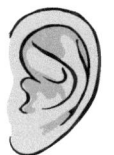

la oreja

sikio

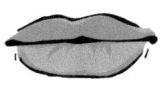

el labio

mdomo

el cuerpo - mwili

la boca

kinywa

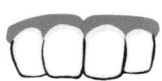

el diente

jino

la lengua

ulimi

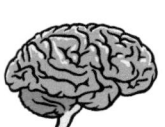

el cerebro

ubongo

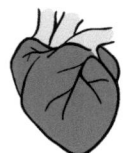

el corazón

moyo

el músculo

misuli

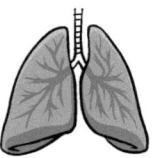

el pulmón

pafu

el hígado

ini

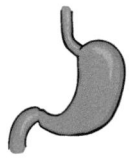

el estómago

tumbo

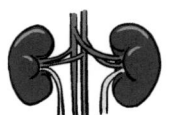

los riñones

figo

el sexo

jinsia

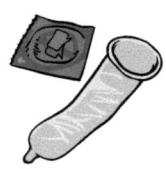

el preservativo

kondomu

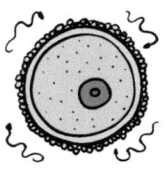

el óvulo

ovari

el semen

shahawa

el embarazo

mimba

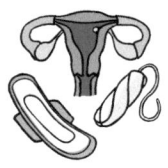

la menstruación
....
hedhi

la vagina
....
uke

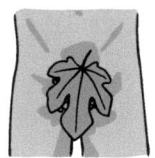

el pene
....
uume

la ceja
....
unyusi

el pelo
....
nywele

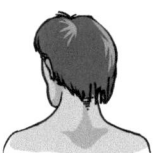

el cuello
....
shingo

el hospital
hospitali

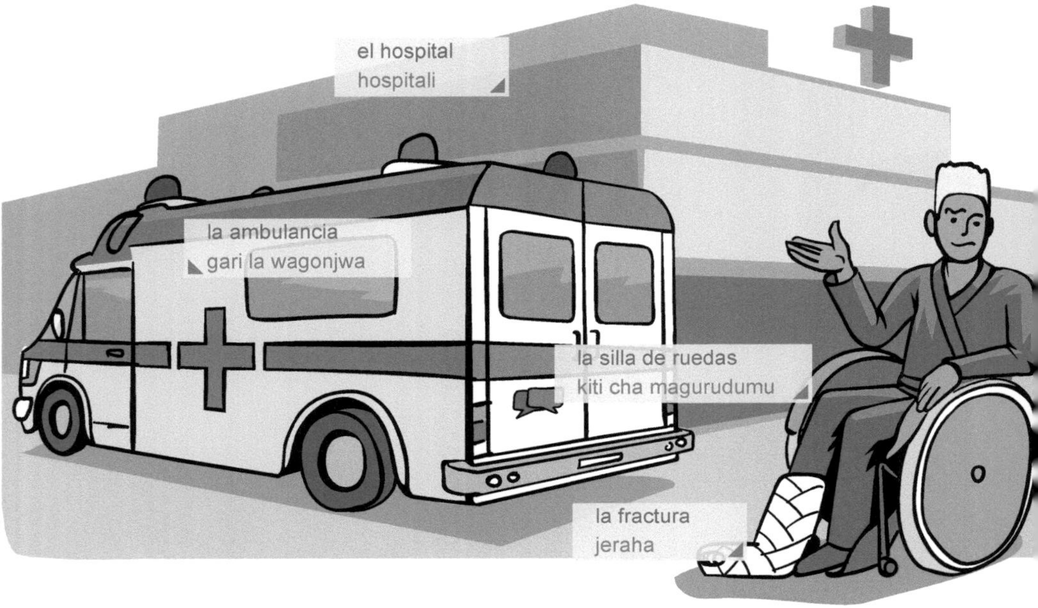

el hospital
hospitali
la ambulancia
gari la wagonjwa
la silla de ruedas
kiti cha magurudumu
la fractura
jeraha

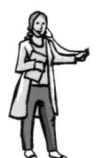

el médico

daktari

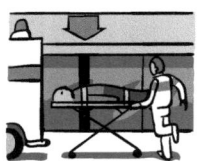

la sala de guardia

chumba cha dharura

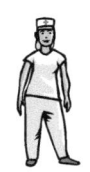

la enfermera

muuguzi

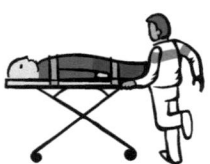

la emergencia

dharura

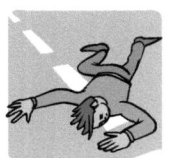

inconsciente

kupoteza fahamu

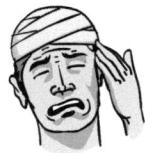

el dolor

maumivu

la lesión
kuumia

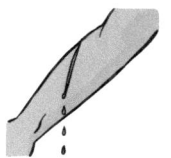

la hemorragia
kutokwa na damu

el infarto
mshtuko wa moyo

el ACV
kiharusi

la alergia
mzio

la tos
kikohozi

la fiebre
homa

la gripe
mafua

la diarrea
kuharisha

el dolor de cabeza
maumivu ya kichwa

el cáncer
kansa

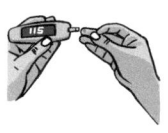

la diabetes
ugonjwa wa kisukari

el cirujano
daktari mpasuaji

el bisturí
kisu kidogo cha kupasulia

la operación
operesheni

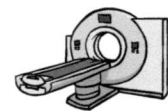

la TC

picha changanufu ya mwili

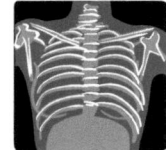

los rayos x

Eksrei

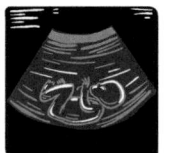

la ecografía

mawimbi sauti

el barbijo

barakoa ya uso

la enfermedad

ugonjwa

la sala de espera

chumba cha kusubiri

la muleta

mkongojo

la curita

plasta

la venda

bendeji

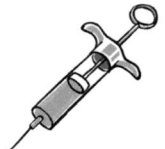

la inyección

sindano

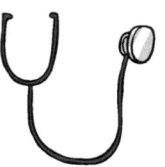

el estetoscopio

stetoskopu

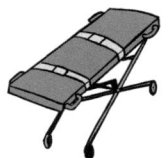

la camilla

machela

el termómetro

kipimajoto cha kliniki

el nacimiento

kuzaliwa

el sobrepeso

unene kupita kiasi

el audífono

kusikia misaada

el desinfectante

kipukusi

la infección

maambukizi

el virus

virusi

el VIH / SIDA

VVU / UKIMWI

el remedio

dawa

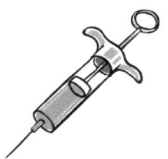

la vacunación

chanjo

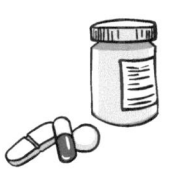

los comprimidos

vidonge

la pastilla anticonceptiva

kidonge

la llamada de emergencia

simu ya dharura

el tensiómetro

haemodainamometa

enfermo / sano

mgonjwa / mwenye afya

¡Ayuda!

Msaada!

la alarma

kengele

la agresión

pigo

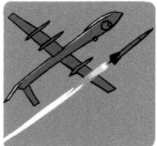

el ataque

shambulizi

el peligro

hatari

la salida de emergencia

lango la dharura

¡Fuego!

Moto!

el matafuego

kizima moto

el accidente

ajali

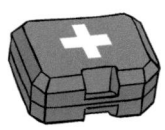

el botiquín de primeros auxilios

vifaa vya huduma ya kwanza

el SOS

wito wa msaada

la policía

polisi

Europa

Ulaya

América del Norte

Amerika ya Kaskazini

América del Sur

Amerika ya Kusini

África

Afrika

Asia

Asia

Australia

Australia

el Atlántico

Atlantiki

el Pacífico

Pasifiki

el Océano Índico

Bahari ya Hindi

el Océano Antártico

Bahari ya Antaktiki

el Océano Ártico

Bahari ya Aktiki

el polo norte

Ncha ya Kaskazini

el polo sur

Ncha ya Kusini

la Antártida

Antaktika

la Tierra

dunia

la tierra

nchi

el mar

bahari

la isla

kisiwa

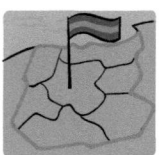

la nación

taifa

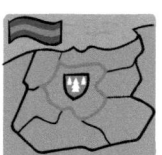

el estado

jimbo

la esfera

uso wa saa

la manecilla de las horas

akrabu ya saa

el minutero

akrabu ya dakika

el segundero

akrabu ya sekunde

¿Qué hora es?

Ni saa ngapi?

el día

siku

la hora

wakati

ahora

sasa

el reloj digital

saa ya dijitali

el minuto

dakika

la hora

saa

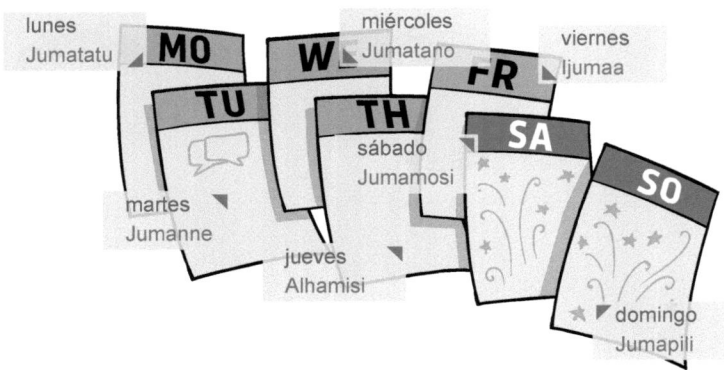

lunes
Jumatatu

miércoles
Jumatano

viernes
Ijumaa

sábado
Jumamosi

martes
Jumanne

jueves
Alhamisi

domingo
Jumapili

ayer

jana

hoy

leo

mañana

kesho

la mañana

asubuhi

el mediodía

saa sita mchana

la tarde

jioni

los días hábiles

siku za biashara

el fin de semana

mwishoni mwa wiki

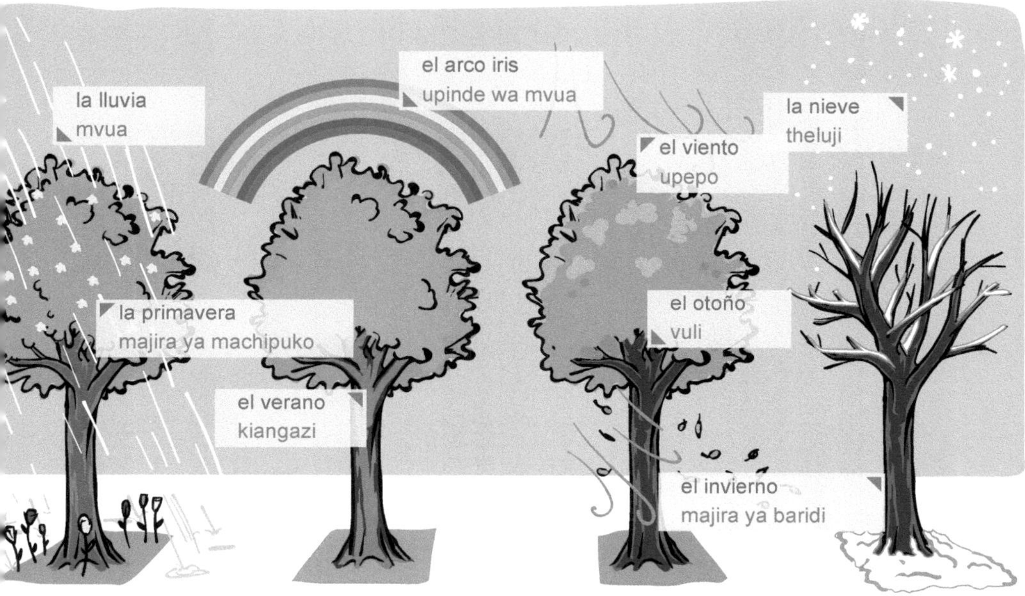

la lluvia
mvua

el arco iris
upinde wa mvua

la nieve
theluji

el viento
upepo

la primavera
majira ya machipuko

el otoño
vuli

el verano
kiangazi

el invierno
majira ya baridi

4.APRIL	11°	☀
5.APRIL	4°	☁
6.APRIL	13°	☁
7.APRIL	8°	☀
8.APRIL	10°	☀

el pronóstico meteorológico

utabiri wa hali ya hewa

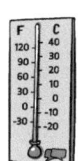

el termómetro

kipimajoto

el arco la luz del sol

mwanga wa jua

la nube

wingu

la niebla

ukungu

la humedad

unyevu

el rayo

umeme

el trueno

radi

la tormenta

dhoruba

el granizo

mvua ya mawe

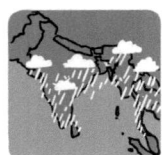

el monzón

monsuni

la inundación

mafuriko

el hielo

barafu

enero

Januari

febrero

Februari

marzo

Machi

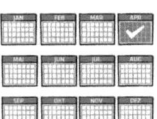

abril

Aprili

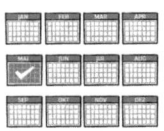

mayo

Mei

junio

Juni

julio

Julai

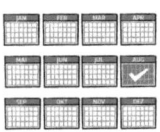

agosto

Agosti

el año - mwaka

septiembre
Septemba

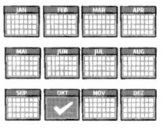

octubre
Oktoba

noviembre
Novemba

diciembre
Desemba

las formas

maumbo

el círculo
mduara

el cuadrado
mraba

el rectángulo
mstatili

el triángulo
pembetatu

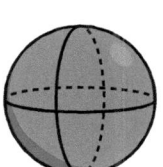

la esfera
nyanja

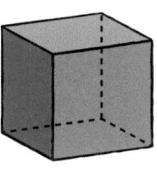

el cubo
mchemraba

blanco

nyeupe

amarillo

manjano

naranja

chungwa

rosa

rangi ya waridi

rojo

nyekundu

violeta

hudhurungi

azul

bluu

verde

kijani

marrón

hanja

gris

jivujivu

negro

nyeusi

mucho / poco

mengi / kidogo

enojado / tranquilo

hasira / pole

lindo / feo

nzuri / mbaya

el principio / el fin

mwanzo / mwisho

grande / chico

kubwa / ndogo

claro / oscuro

angavu / giza

hermano / la hermana

kaka / dada

limpio / sucio

safi / chafu

completo / incompleto

kamilika / tokamilika

el día / la noche

siku / usiku

muerto / vivo

wafu / hai

ancho / angosto

pana / nyembamba

comestible / no comestible

kulika / kutolika

malo / amable

ovu / ema

entusiasmado / aburrido

sisimkwa / udhika

gordo / flaco

nene / nyembamba

primero / último

kwanza / mwisho

el amigo / el enemigo

rafiki / adui

lleno / vacío

jaa / tupu

duro / blando

ngumu / laini

pesado / liviano

nzito / nyepesi

el hambre / la sed

njaa / kiu

enfermo / sano

mgonjwa / mwenye afya

ilegal / legal

haramu / kisheria

inteligente / estúpido

akili / kijinga

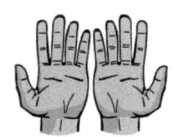

izquierda / derecha

kushoto / kulia

cerca / lejos

karibu / mbali

nuevo / usado
....
mpya / kutumika

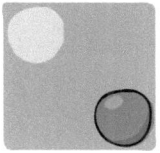

nada / algo
....
kitu / jambo

viejo / joven
....
zee / changa

ncendido / apagado
....
waka / zima

abierto / cerrado
....
wazi / fungwa

silencioso / ruidoso
....
utulivu / kelele

rico / pobre
....
tajiri / masikini

correcto / incorrecto
....
sahihi / kosa

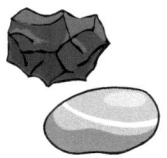

áspero / suave
....
mbaya / laini

triste / contento
....
huzunika / furahia

corto / largo
....
fupi /ndefu

lento / rápido
....
polepole / haraka

mojado / seco
....
nyevu / kavu

caliente / frío
....
joto / baridi

guerra / paz
....
vita / amani

0

cero

sufuri

1

uno

moja

2

dos

mbili

3

tres

tatu

4

cuatro

nne

5

cinco

tano

6

seis

sita

7

siete

saba

8

ocho

nane

9

nueve

tisa

10

diez

kumi

11

once

kumi na moja

12

doce

kumi na mbili

13

trece

kumi na tatu

14

catorce

kumi na nne

15

quince

kumi na tano

16

dieciséis

kumi na sita

17

diecisiete

kumi na saba

18

dieciocho

kumi na nane

19

diecinueve

kumi na tisa

20

veinte

ishirini

100

cien

mia

1.000

mil

elfu

1.000.000

el millón

milioni

el inglés

Kiingereza

el inglés americano

Kiingereza cha Marekani

el chino mandarín

Kimandarini cha Uchina

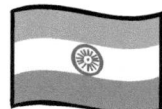

el hindi

Kihindi

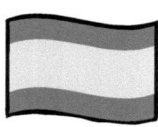

el español

Kihispania

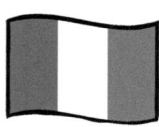

el francés

Kifaransa

el árabe

Kiarabu

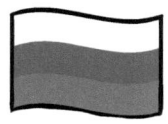

el ruso

Kirusi

el portugués

Kireno

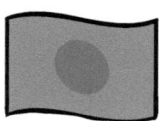

el bengalí

Kibengali

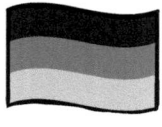

el alemán

Kijerumani

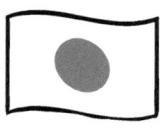

el japonés

Kijapani

yo

mimi

vos

wewe

él / ella

yeye / yeye / ni

nosotros

sisi

ustedes

wewe

ellos

wao

¿quién?

nani?

¿qué?

nini?

¿cómo?

jinsi gani?

¿dónde?

wapi?

¿cuándo?

lini?

el nombre

jina

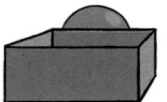

detrás

nyuma

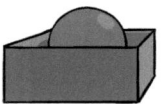

en

katika

adelante de

mbele ya

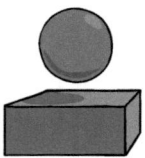

por encima de

juu ya

sobre

kwenye

debajo de

chini ya

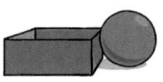

al lado de

kando

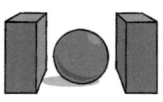

entre

kati

el lugar

mahali